TANGSHENG XUEFA

唐生学法 第一辑

福建省晋江市
人民检察院 ◎编

中国检察出版社

图书在版编目（CIP）数据

唐生学法. 第一辑 / 福建省晋江市人民检察院编. —北京：中国检察出版社，2020.5

ISBN 978-7-5102-2417-1

Ⅰ.①唐… Ⅱ.①福… Ⅲ.①法律—中国—通俗读物 Ⅳ.①D920.5

中国版本图书馆CIP数据核字（2020）第052304号

唐生学法（第一辑）

福建省晋江市人民检察院　编

出版发行：	中国检察出版社
社　　址：	北京市石景山区香山南路109号（100144）
网　　址：	中国检察出版社（www.zgjccbs.com）
编辑电话：	（010）86423749
发行电话：	（010）86423726　86423727　86423728
	（010）86423730　68650016
经　　销：	新华书店
印　　刷：	北京联合互通彩色印刷有限公司
开　　本：	889mm×1194mm　32开
印　　张：	3.375
字　　数：	27千字
版　　次：	2020年5月第一版　2020年12月第二次印刷
书　　号：	ISBN 978-7-5102-2417-1
定　　价：	30.00元

检察版图书，版权所有，侵权必究
如遇图书印装质量问题本社负责调换

目录

- 第一回：求职入坑　　　　　／1
  芳芳有约——传销　　　　／22

- 第二回：再遇如花　　　　　／35
  芳芳有约——网络诈骗　　／54

- 第三回：全是套路　　　　　／71
  芳芳有约——套路之旅　　／88

第一回：求职入坑

第一回：求职入坑

回忆……

① 盘他,网络流行语,在这里可以理解为把唐生骗入传销组织。

① 少年家，闽南语，是对未婚男性青年和少年的统称，也是对男性婴儿和儿童的昵称。
② Cosplay，英语全称：Costume Play，指利用服装、饰品、道具、化装等手段扮演动漫、游戏中的人物，是一种行为艺术表演。

第一回：求职入坑

两个人围着书生一顿忽悠，书生一脸茫然地跟着他们走了。

 管饭吗？

 管够！

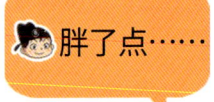 胖了点……

 杨贵妃好看吗？

 高力士偷李白鞋了？

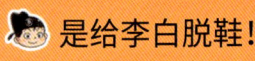 是给李白脱鞋！

为了巩固产品知识（实为洗脑群众），让书生日夜跟着大部队上课。

探大钱[1]！（赚大钱）

起大厝[2]！（盖大房）

出头天[3]！（出人头地）

---

① 探大钱，闽南语。
② 厝，方言，在闽南语中代表房屋。
③ 出头天，闽南语。

次日，老大又将大家召集起来……

① 飒飒，闽南语，快快、赶紧的意思。
② 拍报，闽南语，相互转告、通知的意思。

拉不到人头的书生
被发配到小黑屋打扫卫生
……

此时,相貌出众机智过人的卧底大妈正和上级秘密通话……

Sir(警官),证据收集完毕,可以收网!

准!月黑风高之时行动!

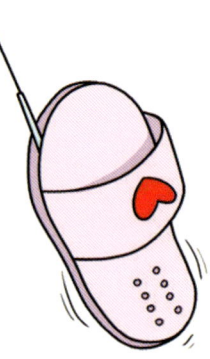

① 不良人,唐代主管侦缉逮捕的官差,其官称为"不良"或"不良人"。

警察收网行动开始……

法庭上,被告人拒不认罪……

传销到底是怎么回事呢？

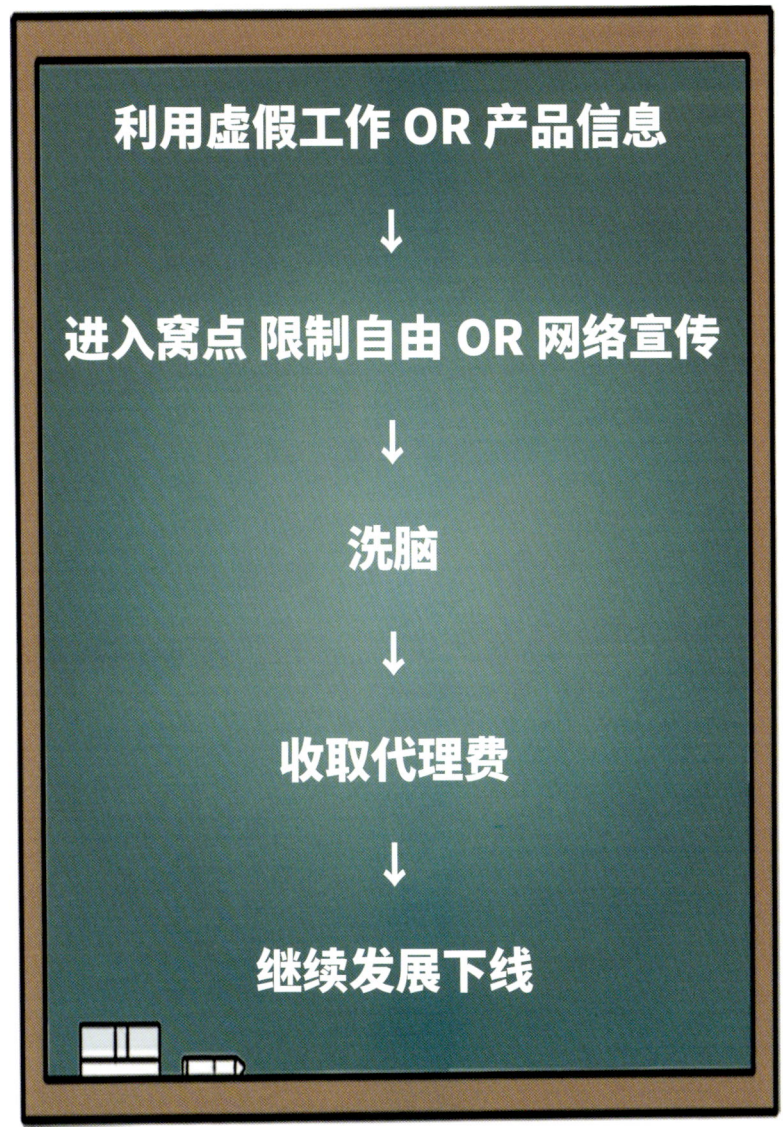

利用虚假工作 OR 产品信息
↓
进入窝点 限制自由 OR 网络宣传
↓
洗脑
↓
收取代理费
↓
继续发展下线

But（但是），如果你反悔或者反抗，他们会对你施暴。

芳芳有约

本期话题——传销

话说唐生在传销一案中对判决结果不服,通过预约,到"五里桥茶馆"与芳芳检察官见面……

---

① 虾米,网络用语,闽南语"什么"的普通话音译。

传销通常是高价卖低成本产品或者莫须有产品。

举个例子

宫廷玉液酒，一百八一杯。

其实就是那个二锅头兑了那个白开水。

第一回：求职入坑

① 脑洞，网络用语，字面意思是指脑袋破了一个洞，需要用想象力来填满。"开个脑洞"在这里指设想，扩大想象空间。

于是这个组织就变成这样↓

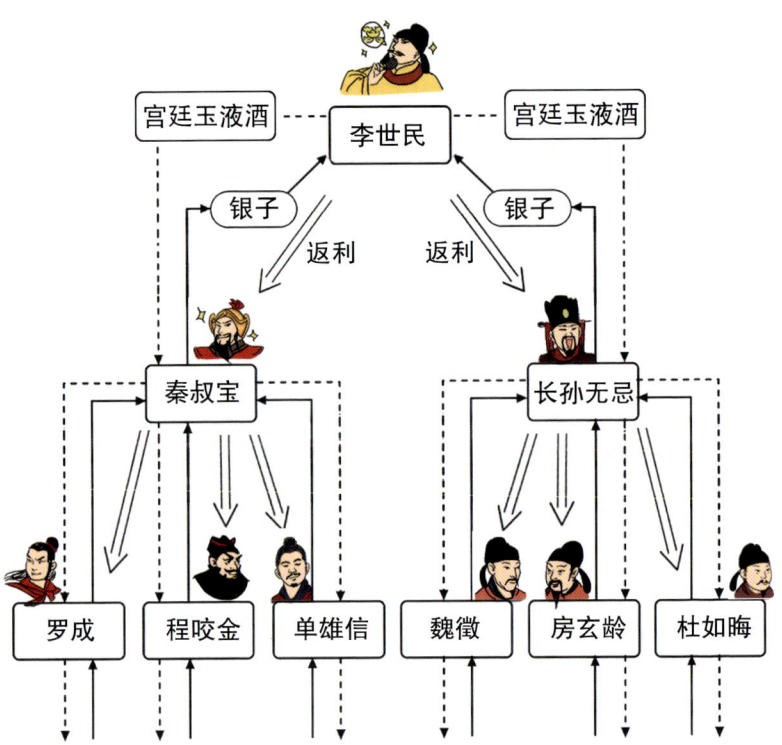

虚线 ------> 产品（成本1文，售价1两）

实线 ——> 加盟费（5两）

双线 ==> 返利

传销有四大手法：

① 洗脑

② 拘 禁

③ 友情牌

④ 返利

哦，原来如此！万一误入怎么办？

芳芳送你六句箴言：

遇到传销需理性，
巧舌如簧不可信。
若陷其中需冷静，
自我保护最要紧。
假意顺从或装病，
伺机求救图报警。

这伙贼人太可恶了，你们是如何处罚的？

组织、领导传销活动罪，罪轻判5年以下有期徒刑或拘役，并处罚金；罪重判5年以上有期徒刑，并处罚金。

为何不杖责？

我们禁止体罚，要保护人权！

精彩待续……

第二回：再遇如花

摆脱传销组织的唐生孤独地走在大街上，偶然抬头一看……

此时一位手机推销大妈闪亮登场……

第二回：再遇如花

大妈拿起手机找到了正在直播的如花

这是你的如花妹妹吗？是的话要不要来一部？

是！是！是！买！买！买！

第二回：再遇如花

 可是我只有警察帮我追回的一块玉佩……

 好说！好说！

大妈带着唐生来到典当行……

① 典当玉佩 +1

② 手机 +1

③ 网红宝典 +1

④ 成功出师 +666

第二回：再遇如花

成功掌握了手机的正确用法后，唐生每天沉浸在如花的直播中无法自拔！

① 老铁，网络流行语，源于东北方言，通常为"哥们""朋友"的别称。

成为榜一的唐生，
成功加上了主播如花的微信。

第二回：再遇如花

你已添加了如花,现在可以开始聊天了

如花~真的是你吗?

我以为此生缘尽于此,不复相见!你给我的璎珞、香囊,我时刻带在身边。

 哥哥,是我!我一直想去找你,可是没钱,只好做主播赚钱度日。

委屈你了,我典当了身上的玉佩,才得来一些钱。你一介弱女子,身无旁物,肯定辛苦至极。

 ¥500.00
转账给如花
微信转账

 哥哥~我今天还没有吃饭!

第二回：再遇如花

第二回：再遇如花

他们相约三日后安平桥上见。

不得语，暗相思
两心之外无人知

三日后，唐生如约来到安平桥上，
从白天等到了黑夜，
却始终不见如花身影。

第二回：再遇如花

唐生只好发信息询问，这才发现自己已经被如花删除。

唐生哭晕在地,路人帮忙报警……

隔日,公安机关通知唐生去做笔录,并告诉他这汉子就是和他网聊的如花。

第二回:再遇如花

唐生想起自己与那大汉你侬我侬的模样，只觉十分作呕……

假如花虽已被抓获，但唐生的钱也被挥霍光。

芳芳有约

本期话题——网络诈骗

五里桥茶馆

小生愚钝,实在不明,见如花怎么就遭遇网络诈骗了呢?

给我一首歌的时间,让我来细细讲解你遇到的"爱情骗局"。

这就是经典的"杀猪"诈骗手法，陷入甜蜜陷阱的受害者就像嗷嗷待宰的小猪仔。

相识　　　　　　　选猪

第二回：再遇如花

恋爱

喂猪

骗钱

杀猪

拉黑

卖猪

第二回：再遇如花

骗子套路深，手段常翻新。马甲换不停，到处都是坑。

（一）伪装名人身份诈骗

（二）投资诈骗

✕✕股份有限公司
十周年股份联合大放送！

（三）贷款诈骗

（四）微商诈骗

（五）改签诈骗

（六）微信诈骗

（七）不断变换诈骗术

投资返利挣大钱是假,掏你腰包骗你积蓄是真!

那该怎么预防呢?

芳芳来教你防诈骗的七招三式!

第二回:再遇如花

七招

不轻信

不汇款

不透露

不扫码

不点击链接

不接听转接电话

不用公共网络随意登录私人账户

第二回：再遇如花

网络诈骗真可恶,刑律会怎么处罚呢?

罪轻判3年以下有期徒刑、拘役或者管制,并处或单处罚金;罪重判3～10年有期徒刑,并处罚金;特别严重的可判10年以上有期徒刑或者无期徒刑,并处罚金或者没收财产。

那我的钱还能要回来吗?

现在你的钱是被骗子挥霍了,但如果他有财产,判决执行将帮你追回。

第二回:再遇如花

精彩待续……

第三回：全是套路

① 今日份，网络流行语，今天的份额。
② 快乐肥宅水，网络流行语，指可乐。

秋风瑟瑟，吹来一张传单……

第三回：全是套路

按照上面写的地址，唐生来到小额贷款公司……

第三回：全是套路

拿着钱，唐生计划着"创业"。
当他正发愁创业项目时……

老板跑路了！

我们没有办法，只好拿着字画抵工资！

名家字画！传家宝首选！

统统 200 元！

统统 200 元！

唐生挤进人群，一看满地皆是粗制劣造产品。

只见大爷大妈这时身手矫健，瞬间将字画抢了个精光。

唐生摇身一变，
带着笔墨纸砚出现……

天生我材必有用
千金散尽还复来

第三回：全是套路

转眼三个月过去……

近来生意不错，欠款也可偿还，甚好！

电话没人接，公司门没开。一定是恩人体恤我困难，不着急让我还！

嘟……

四个月后……

接下来的几日，唐生一直接到对方的追债恐吓电话和短信。

无助时他想起上次检察官说，有什么困难可以到检察机关求助。

唐生立即前往，把事件经过一五一十地告诉了指导中心的工作人员。

检察院严厉打击"套路贷"，我们将把线索移交公安机关！

公安机关以涉嫌敲诈勒索罪抓获公司相关人员。

借钱买买买,易陷套路贷。贪图一时快,转眼一身债。

芳芳有约

本期话题——套路之旅

> 唐生虽然成功"脱套",但还是想深度了解"套路贷",于是他来到"五里桥茶馆"……

第三回：全是套路

"套路贷"公司软硬兼施侵占财产,一是拿着合同和银行流水去法院起诉,二是讨债小组24小时骚扰借款人。

GAME OVER

唉呀……好气啊……

为什么会这样……

嘤嘤嘤嘤嘤嘤嘤嘤

第三回:全是套路

那"套路贷"和普通借贷有什么区别呢?

"套路贷"比普通借贷多穿了几层看似合法实则违法的"衣服"。

套路,让我变得更强大!

套路我的这伙贼人该怎么判罚?

以敲诈勒索定罪,罪轻判3年以下有期徒刑、拘役或者管制,并处或者单处罚金;罪重判3~10年有期徒刑,并处罚金;特别严重的可能判10年以上有期徒刑,并处罚金。

有没有可能涉及其他罪名呢?

司法解释规定,"套路贷"一般以诈骗罪定罪,对于过程中实施多种手段的,可能构成他罪。

精彩待续……